U0589233

名师名校名校长

凝聚名师共识
回应名师关怀
打造名师品牌
培育名师群体

2017年2月23日，龙岗区杨新梅名师工作室揭牌（图为工作室主持人与成员）

2017年3月23日，龙岗区杨新梅名师工作室主持人向团队老师赠送"广东省杨新梅
教师工作室"研修成果的出版书籍

2017年4月20日，龙岗区杨新梅名师工作室团队到深圳市龙岗区五园小学进行联合研修并听取杨新梅专题讲座——"如何进行课题研究"

2017年12月7日，工作室团队在龙岗区五和小学综合电教室召开扫码微课程开发专项工作研讨会

2017年11月21日，广东省邓春苗教师工作室、广东省杨新梅教师工作室及龙岗区杨新梅名师工作室进行联合研修活动（图为广东省小学数学骨干郑秋银老师执教《路程、时间与速度》）

2018年10月17日，龙岗区杨新梅名师工作室学员张雪枫老师执教公开课——《搭配中的学问》

2018年1月18日，龙岗区杨新梅名师工作室第一册成果——《基于信息技术构建人文数学课堂的研究》新书发布

2017年12月26日，龙岗区杨新梅名师工作室第26次研修活动留影

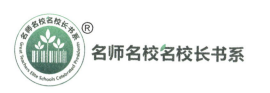

名师名校名校长书系

行走的学习

（下）

杨新梅 — 主编

东北师范大学出版社

长　春

图书在版编目（CIP）数据

行走的学习.下 / 杨新梅主编. — 长春：东北师
范大学出版社，2019.1
ISBN 978-7-5681-5420-8

Ⅰ.①行… Ⅱ.①杨… Ⅲ.①小学数学课—教学参考
资料 Ⅳ.①G624.503

中国版本图书馆CIP数据核字（2019）第016452号

□策划创意：刘　鹏

□责任编辑：张　露　李爱华　　□封面设计：姜　龙

□责任校对：刘彦妮　张小娅　　□责任印制：张允豪

东北师范大学出版社出版发行

长春净月经济开发区金宝街 118 号（邮政编码：130117）

电话：0431-84568033

网址：http：//www.nenup.com

北京言之凿文化发展有限公司设计部制版

廊坊市金朗印刷有限公司印装

廊坊市广阳区廊万路 18 号（邮编：065000）

2022年6月第1版　2024年1月第2次印刷

幅面尺寸：170mm×240mm　印张：8.5　字数：250千

定价：45.00元

前言

在"互联网+"教育的时代背景下，平板电脑或手机的广泛使用，让移动学习成为可能。

深圳市龙岗区杨新梅名师工作室团队中的34位教师，以北师大版小学数学12册教材为蓝本（此书为下册合集），精心制作约5分钟至8分钟一集的短视频，一一对应每单元的新课学习及重难点解惑，并以单元为单位，通过共享平台制作成二维码课程。

于学生而言，扫码系列微课程，巧妙的语言阐述，精妙的动态讲解，针对每课或某一知识点的详细讲解，重点突出，难点突破，与课堂讲解相比较有不一样的效果，可重复观看，直至将知识融会贯通。扫码微课程，真正做到哪里不会扫哪里。

于教师而言，借鉴课程讲解，实现翻转课堂不再困难。

于家长而言，通过正确渠道了解教材、教法，使家庭辅导不再外行。

扫码微课程，名师团队强大的信息技术应用素养与课堂教学发生美妙的化学反应，给予每一位有需要的学生、教师和家长的智慧之花。

说明：本书虽以北师大教材为蓝本，由于北师大版、苏教版、人教版等教材均使用同一《数学课程标准》，因此殊途同归，知识内涵上并无差别，于其他版本而言同样适用。

2018年10月

目录

（下册）

（下册）

三 年 级

（下册）

（下册）

（下册）

行走的学习（下）

北师大版小学数学一至六年级下册扫码微课程

六年级

（下册）

（下册）

1

第一单元

加与减（一）

深圳市龙岗区五和小学　杨　怡

一、微课标题

第一课：买铅笔

第二课：捉迷藏

第三课：快乐的小鸭

第四课：开会啦

第五课：跳伞表演

二、教材信息

北师大版小学数学一年级下册第一单元。

三、适用群体

小学一年级学生。

四、课程亮点

本课程图文并茂，讲解清晰，简单易懂，能有效帮助学生掌握方法，进一步学习20以内加减法并熟练应用。

五、制作信息

1. 制作软件：格式工厂、Camtasia Studio 8
2. 共享平台：腾讯视频

六、作者简介

杨怡，大学本科学历，龙岗区杨新梅名师工作室学员。于深圳市龙岗区五和小学从事数学教学工作。曾辅导学生参加第四届广东省青少年科技七巧板创意制作竞赛，荣获"优秀辅导教师"称号。

加与减（一）

深圳市龙岗区坂田小学　万芷滢

一、微课标题

第一课：美丽的田园

第二课：做个减法表

二、教材信息

北师大版小学数学一年级下册第一单元。

三、适用群体

小学一年级学生。

四、课程亮点

本课程图文并茂，讲解清晰，简单易懂，操作便捷，能有效帮助学生掌握课程知识。

五、制作信息

1. 制作软件：Camtasia Studio 8.1.2
2. 共享平台：腾讯视频

六、作者简介

　　万芷滢，大学本科学历，深圳大学数学与应用数学专业毕业，理学学士，龙岗区杨新梅名师工作室学员。于深圳市龙岗区坂田小学任教。2018年7月获龙岗区第三届手机微课程大赛一等奖。

第二单元

观察物体

深圳市龙岗区坂田小学　万芷滢

一、微课标题

第一课：看一看（一）
第二课：看一看（二）

二、教材信息

北师大版小学数学一年级下册第二单元。

三、适用群体

小学一年级学生。

四、课程亮点

本课程图文并茂，讲解清晰，简单易懂，操作便捷，能有效帮助学生掌握课程知识。

五、制作信息

1. 制作软件：Camtasia Studio 8.1.2
2. 共享平台：腾讯视频

六、作者简介

万芷滢，大学本科学历，深圳大学数学与应用数学专业毕业，理学学士，龙岗区杨新梅名师工作室学员。于深圳市龙岗区坂田小学任教。2018年7月获龙岗区第三届手机微课程大赛一等奖。

第三单元

生活中的数

深圳市龙岗区华南师范大学附属龙岗雅宝小学　罗彩虹

一、微课标题

第一课：数花生

第二课：数一数

第三课：数豆子

第四课：谁的红果多

第五课：小小养殖场

二、教材信息

北师大版小学数学一年级下册第三单元。

三、适用群体

小学一年级学生。

四、课程亮点

本课程重点讲解的是北师大版一年级下册第三单元的教学重难点内容。讲解清晰，通俗易懂。

五、制作信息

1.制作软件：小影

2.共享平台：腾讯视频

六、作者简介

　　罗彩虹，大学本科学历，数学与应用数学专业毕业，理学学士，中小学数学二级教师，龙岗区杨新梅名师工作室学员。于深圳市龙岗区华南师范大学附属龙岗雅宝小学从事数学教学工作，有2年数学科组长的经验。主要获奖情况：2016年龙岗区微视频大赛优秀奖。

2017年深圳市第二届手机微课程大赛一等奖。

2017年坂田街道小学数学教师基本功比赛一等奖。

2017年龙岗区小学生速算比赛"优秀指导教师"称号。

第33届全国青少年科技创新大赛龙岗选拔赛（教师项目）三等奖。

《华附联盟》（第五期）征文比赛三等奖。

2017—2018学年华南师范大学雅宝小学"优秀教研组长"称号。

2017—2018学年龙岗区小学数学类系列微视频课程"数学统筹"荣获二等奖。

2017—2018学年第二学期教学研究课比赛荣获一等奖。

2017—2018学年第二学期教师基本功"教学设计"比赛荣获一等奖。

生活中的数

深圳大学师范学院附属坂田学校　陈晓玲

一、微课标题

第一课：做个百数表

二、教材信息

北师大版小学数学一年级下册第三单元。

三、适用群体

小学一年级学生。

四、课程亮点

本课程图文并茂，讲解清晰，能有效帮助学生通过填写百数表，探究百数表中隐含的规律，初步提高学生的推理能力。

五、制作信息

1.制作软件：小影

2. 共享平台：腾讯视频

六、作者简介

　　陈晓玲，大学本科学历，数学与应用数学专业毕业，理学学士，龙岗区杨新梅名师工作室学员。于深圳大学师范学院附属坂田学校从事数学教学工作。

第四单元

有趣的图形

深圳市龙岗区科技城外国语学校　王　倩

一、微课标题

第一课：认识图形

第二课：动手做（一）

第三课：动手做（二）

第四课：动手做（三）

二、教材信息

北师大版小学数学一年级下册第四单元。

三、适用群体

小学一年级学生。

四、课程亮点

本课程数形结合，配合操作，生动形象，讲解流畅，指导性强。

五、制作信息

1. 制作软件：快剪辑
2. 共享平台：腾讯视频

六、作者简介

    王倩，大学本科学历，数学与应用数学专业毕业，理学学士，龙岗区杨新梅名师工作室学员。于深圳市龙岗区科技城外国语学校从事数学教学工作。能熟练运用会声会影、小影、乐秀等软件制作微课。

第五单元

加与减（二）

深圳市龙岗区科技城外国语学校　魏瑞珠

一、微课标题

第一课：整十数减整十数

第二课：两位数减一位数

第三课：两位数减整十数

第四课：两位数减两位数

第五课：方法总结与归纳

二、教材信息

北师大版小学数学一年级下册第五单元。

三、适用群体

小学一年级学生。

四、课程亮点

本课程主要用计数器和小棒展示了100以内不退位减法的计算过程和原理，生动形象，通俗易懂，符合小学一年级孩子的心理和年龄特点。

五、制作信息

1. 制作软件：乐秀
2. 共享平台：腾讯视频、乐秀

六、作者简介

    魏瑞珠，大学本科学历，数学与应用数学专业毕业，理学学士，龙岗区杨新梅名师工作室学员，于深圳市龙岗区科技城外国语学校从事小学数学教学工作。荣获龙岗区教学基本功技能大赛一等奖，龙岗区第二届微课比赛一等奖，

学校德育论文一等奖，青年教师汇报课一等奖，诗歌朗诵二等奖。

  教育理念：以生为本，给予学生足够的时间和空间探索、质疑和发现。

  座右铭：做一位幸福的教书人，教出一群幸福的读书人。

加与减（二）

深圳大学师范学院附属坂田学校　陈晓玲

一、微课标题

第一课：回收废品（上）

第二课：回收废品（下）

二、教材信息

北师大版小学数学一年级下册第五单元。

三、适用群体

小学一年级学生。

四、课程亮点

本课程图文并茂，讲解清晰，通过解决实际问题，体会加减法在生活中的应用，初步学会分析数量之间的关系，感受数量之间的多与少，体会数学与生活的联系。

五、制作信息

1. 制作软件：小影
2. 共享平台：腾讯视频

六、作者简介

陈晓玲，大学本科学历，数学与应用数学专业毕业，理学学士，龙岗区杨新梅名师工作室学员。于深圳大学师范学院附属坂田学校从事数学教学工作。

数学好玩

深圳大学师范学院附属坂田学校　陈晓玲

一、微课标题

第一课：分扣子

第二课：填数游戏（上）

第三课：填数游戏（下）

二、教材信息

北师大版小学数学一年级下册第六单元。

三、适用群体

小学一年级学生。

四、课程亮点

本课程图文并茂，讲解清晰，能有效帮助学生通过观察操作，初步提高并把握图形的共性与异性，整理数据的能力。再通过填数游戏，初步提高学生的推理能力。

五、制作信息

1. 制作软件：小影
2. 共享平台：腾讯视频

六、作者简介

陈晓玲，大学本科，数学与应用数学专业毕业，理学学士，龙岗区杨新梅名师工作室学员。于深圳大学师范学院附属坂田学校从事数学教学工作。

第六单元

加与减（三）

深圳市龙岗区五和小学　杜嘉旭

一、微课标题

第一课：图书馆

第二课：摘苹果

第三课：阅览室

第四课：跳绳

二、教材信息

北师大版小学数学一年级下册第六单元。

三、适用群体

小学一年级学生。

四、课程亮点

本课程图文并茂，讲解清晰，简单易懂，操作便捷。讲解系统、细致，能帮助学生有效梳理知识点。

五、制作信息

1.制作软件：Premiere CC
2.共享平台：腾讯视频

六、作者简介

杜嘉旭，大学本科学历，数学与应用数学专业毕业，理学学士，中小学数学三级教师，龙岗区杨新梅名师工作室学员。于深圳市龙岗区五和小学担任数学教学工作。能熟练使用After Effects、Premiere CC等软件制作微视频。

二 年 级

（下册）

2

第一单元

除　法

深圳市龙岗区华南师范大学附属龙岗雅宝小学　钟嘉仪

一、微课标题

第一课：分苹果

第二课：搭一搭（一）

第三课：搭一搭（二）

第四课：分草莓

第五课：租船

二、教材信息

北师大版小学数学二年级下册第一单元。

三、适用群体

小学二年级学生。

四、课程亮点

本课程图文并茂，讲解生动有趣，符合二年级学生的性格特点，能够吸引学生的注意力，引发学生思考。有效地帮助学生初步认识有余数的除法，进一步学习除法，感受除法与生活的密切关系。

五、制作信息

1. 制作软件：小影
2. 共享平台：腾讯视频

六、作者简介

钟嘉仪，大学本科学历，深圳大学数学与应用数学专业，理学学士，龙岗区杨新梅名师工作室学员。于深圳市龙岗区华南师范大学附属雅宝小学从事数学教学工作。对微课程的研发有着极大的兴趣，并且能够将其有效地运用

在日常课堂中。

2016—2017学年上学期举办的龙岗区首届手机微课程大赛中，系列微课程"一年级上易错点"荣获二等奖；2016—2017学年下学期举办的龙岗区第二届手机微课程大赛中，系列微课程"一年级下易错点"荣获一等奖；2017年龙岗区第四届微课大赛中，作品"20以内的进位加法"荣获小学组微课二等奖；2017—2018学年上学期举办的龙岗区第三届手机微课程大赛中，系列微课程"数一数与乘法"荣获一等奖。

第二单元

方向与位置

深圳市龙岗区花城小学　邓海玲

一、微课标题

第一课：辨认方向

第二课：东南西北

二、教材信息

北师大版小学数学二年级下册第二单元。

三、适用群体

小学二年级学生。

四、课程亮点

本课程图文并茂，讲解清晰，简单易懂，操作便捷，能有效帮助学生学习方向、统计的相关知识。

五、制作信息

1. 制作软件：迅捷
2. 共享平台：腾讯视频

六、作者简介

邓海玲，大学本科学历，中小学数学一级教师，龙岗区第四批教坛新秀，龙岗区杨新梅名师工作室学员。于深圳市龙岗区花城小学从事数学教学工作。2011年11月在深圳市教科院组织的小学数学说课比赛中获得深圳市二等奖。

第三单元

生活中的大数

深圳市龙岗区花城小学　蓝伟玲

一、微课标题

第一课：数一数（一）

第二课：数一数（二）

第三课：拨一拨

第四课：比一比

第五课：有多少个字

二、教材信息

北师大版小学数学二年级下册第三单元。

三、适用群体

小学二年级学生。

四、课程亮点

本课程图文并茂，讲解清晰，简单易懂，操作便捷，能有效帮助学生认识生活中的大数以及如何去比较大数，同时运用学到的知识估计数量。

五、制作信息

1. 制作软件：乐秀
2. 共享平台：腾讯视频

六、作者简介

蓝伟玲，大学本科学历，汉语言专业毕业，文学学士，中小学一级教师，龙岗区杨新梅名师工作室学员。于深圳市龙岗区花城小学从事数学教学工作。在2014年10月命题比赛中获得龙岗区一等奖；在2015年7月命题比赛中获得龙岗区二等奖。

第四单元

测　量

深圳市龙岗区科技城外国语学校　彭炬彬

一、微课标题

第一课：铅笔有多长
第二课：一千米有多长

二、教材信息

北师大版小学数学二年级下册第四单元。

三、适用群体

小学二年级学生。

四、课程亮点

本课程图文并茂，讲解清晰，简单易懂，通过展示操作活动认识毫米、厘米、分米、米和千米的概念并明白它们之间的换算。

五、制作信息

1. 制作软件：小影
2. 共享平台：腾讯视频

六、作者简介

彭炬彬，大学本科学历，数学与应用数学专业毕业，理学学士，中小学数学二级教师，龙岗区杨新梅名师工作室学员。于深圳市龙岗区科技城外国语学校从事数学教学工作，有1年数学备课组长的经验。

第五单元

加与减

深圳市龙岗区花城小学　蓝伟玲

一、微课标题

第一课：买电器

第二课：回收废电池

第三课：十年的变化

第四课：小小图书馆

第五课：小蝌蚪的成长

第六课：算的对吗

二、教材信息

北师大版小学数学二年级下册第五单元。

三、适用群体

小学二年级学生。

四、课程亮点

本课程讲解清晰，简单易懂，能有效帮助学生理解三位数加减法的计算道理并掌握计算方法，能帮助学生结合具体情境估算在生活中的作用。

五、制作信息

1. 制作软件：乐秀
2. 共享平台：腾讯视频

六、作者简介

蓝伟玲，大学本科学历，汉语言专业毕业，文学学士，中小学一级教师，龙岗区杨新梅名师工作室学员。于深圳市龙岗区花城小学从事数学教学工作。在2014年10月命题比赛中获得龙岗区一等奖；在2015年7月命题比赛中获得龙岗区二等奖。

第六单元

认识图形

深圳市龙岗区五和小学　尹金萍

一、微课标题

第一课：认识角（一）

第二课：认识角（二）

第三课：认识直角

第四课：长方形与正方形

第五课：平行四边形

第六课：欣赏与设计

二、教材信息

北师大版小学数学二年级下册第六单元。

三、适用群体

小学二年级学生。

四、课程亮点

本课程图文并茂，讲解清晰，简单易懂，生动有趣。

五、制作信息

1.制作软件：小影、录屏软件、格式工厂
2.共享平台：腾讯视频

六、作者简介

尹金萍，研究生学历，中小学数学一级教师，龙岗区杨新梅名师工作室学员。于深圳市龙岗区五和小学从事数学教学工作。广东省级及龙岗区级课题"动手实践在小学数学课堂教学中应用的研究"主持人，获得龙岗区快乐暑假作业设计特色奖；荣获龙岗区第二届手机微课程设计一等奖；在龙岗区小学生速算比赛中获得"优秀指导教师"称号。

认识图形

深圳市龙岗区可园学校　方婷婷

一、微课标题

第一课：认识角（一）

第二课：认识角（二）

第三课：认识直角

第四课：长方形与正方形

第五课：平行四边形

第六课：欣赏与设计

二、教材信息

北师大版小学数学二年级下册第六单元。

三、适用群体

小学二年级学生。

四、课程亮点

本课程图文并茂，讲解清晰，简单易懂，操作便捷，能有效帮助学生了解图形的特征和基本性质，掌握图形之间的联系。

五、制作信息

1.制作软件：Sony Vegas
2.共享平台：腾讯视频

六、作者简介

方婷婷，大学本科学历，广州大学数学与应用数学专业毕业，理学学士，中学二级教师，龙岗区杨新梅名师工作室学员。于深圳市龙岗区可园学校从事数学教学工作，有2年数学备课组长的经验。2015年10月获得深圳市第二届微课大赛一等奖；2016年获得龙岗区微课大赛一等奖；2017年获得龙岗区微课大赛的两个二等奖、两个三等奖。

第七单元

时、分、秒

深圳市龙岗区五和小学　张雪枫

一、微课标题

第一课：奥运开幕

第二课：一分有多长

第三课：淘气的作息时间

二、教材信息

北师大版小学数学二年级下册第七单元。

三、适用群体

小学二年级学生。

四、课程亮点

本课程讲解清晰，简单易懂，生动有趣。

五、制作信息

1.制作软件：PPT
2.共享平台：优酷视频

六、作者简介

　　张雪枫，大学本科学历，深圳大学教育技术学专业毕业，理学学士，中小学二级教师，龙岗区杨新梅名师工作室学员。于深圳市龙岗区五和小学从事数学教学工作。教育信息技术应用能力强，擅长制作网页及图片视频美工，能灵活运用PPT、小影、Adobe After Effect、会声会影等软件制作微视频，熟练使用Photoshop、Firework以及各种手机App美化照片工具。

数学好玩

深圳市龙岗区五和小学　张雪枫

一、微课标题

第一课：上学时间
第二课：重复的奥妙

二、教材信息

北师大版小学数学二年级下册第七单元。

三、适用群体

小学二年级学生。

四、课程亮点

本课程讲解清晰，简单易懂，生动有趣。

五、制作信息

1.制作软件：小影

2.共享平台：优酷视频

六、作者简介

张雪枫，大学本科学历，深圳大学教育技术学专业毕业，理学学士，中小学二级教师，龙岗区杨新梅名师工作室学员。于深圳市龙岗区五和小学从事数学教学工作。教育信息技术应用能力强，擅长制作网页及图片视频美工，能灵活运用PPT、小影、Adobe After Effect、会声会影等软件制作微视频，熟练使用Photoshop、Firework以及各种手机App美化照片工具。

第八单元

调查与记录

深圳市龙岗区花城小学　邓海玲

一、微课标题

第一课：评选吉祥物
第二课：最喜欢的水果

二、教材信息

北师大版小学数学二年级下册第八单元。

三、适用群体

小学二年级学生。

四、课程亮点

本课程图文并茂，讲解清晰，简单易懂，操作便捷，能有效帮助学生学习方向、统计的相关知识。

五、制作信息

1.制作软件：迅捷

2.共享平台：腾讯视频

六、作者简介

邓海玲，大学本科学历，中小学数学一级教师，龙岗区第四批教坛新秀，龙岗区杨新梅名师工作室学员。于深圳市龙岗区花城小学从事数学教学工作。2011年11月在深圳市教科院组织的小学数学说课比赛中获得深圳市二等奖。

总复习

深圳市龙岗区科技城外国语学校　彭炬彬

一、微课标题

第一课：总复习（一）

第二课：总复习（二）

第三课：总复习（三）

二、教材信息

北师大版小学数学二年级下册总复习。

三、适用群体

小学二年级学生。

四、课程亮点

本课程图文并茂，讲解清晰，简单易懂，本册内容按单元知识点进行复习，将知识点重新讲解一遍并指出学生易错的地方。

五、制作信息

1.制作软件：小影
2.共享平台：腾讯视频

六、作者简介

彭炬彬，大学本科学历，数学与应用数学专业毕业，理学学士，中小学数学二级教师，龙岗区杨新梅名师工作室学员。于深圳市龙岗区科技城外国语学校从事数学教学工作，有1年数学备课组长的经验。

（下册）

3

第一单元

除　法

深圳大学师范学院附属坂田学校　王小倩

一、微课标题

第一课：分桃子（两位数除以一位数）

第二课：分桃子（两位数除以一位数，有余数的计算）

第三课：分橘子（两位数除以一位数，首位不能除尽的笔算）

第四课：商是几位数

第五课：猴子的烦恼（三位数除以一位数）

二、教材信息

北师大版小学数学三年级下册第一单元。

三、适用群体

小学三年级学生。

四、课程亮点

本课程数形结合，动手操作，具体形象，易于学习。

五、制作信息

1. 制作软件：小影
2. 共享平台：腾讯视频
3. 图片来源：网络共享

六、作者简介

　　王小倩，大学本科学历，中小学数学一级教师，龙岗区杨新梅名师工作室成员。于深圳大学师范学院附属坂田学校从事数学教学工作。荣获深圳市第一届微课大赛一等奖；所执教的教学录像课"看图找关系"荣获深圳市优秀奖；在龙华新区第一届"卓越课堂"教学大赛中荣获一等奖；在龙岗区小学数学试

卷命题比赛中多次荣获一等奖和三等奖；在龙岗区第三届微课比赛中荣获一等奖；所撰写的论文荣获龙岗区二等奖；在坂田街道小学数学说课比赛中荣获一等奖；微格教学比赛中荣获二等奖；被评为坂田街道优秀班主任。

除 法

深圳市龙岗区坂田小学　梁协群

一、微课标题

第一课：节约

第二课：集邮

第三课：买新书

第四课：讲故事

二、教材信息

北师大版小学数学三年级下册第一单元。

三、适用群体

小学三年级学生。

四、课程亮点

本课程解说思路清晰，通俗易懂。

五、制作信息

1. 制作软件：小影
2. 共享平台：小影

六、作者简介

　　梁协群，大学本科学历，中小学数学一级教师，龙岗区杨新梅名师工作室成员。于深圳市龙岗区坂田小学从事数学教学工作，有2年数学科组组长的经验。龙岗区优秀教师；坂田街道优秀教师；坂田街道优秀班主任。曾获街道说课比赛二等奖，街道教学论文二等奖；2016年10月微课程作品"两三位数除以一位数的竖式计算"获得龙岗区微课程大赛一等奖。

第二单元

图形的运动

深圳市龙岗区扬美实验学校　罗甜甜

一、微课标题

第一课：轴对称（一）

第二课：轴对称（二）

第三课：平移和旋转

二、教材信息

北师大版小学数学三年级下册第二单元。

三、适用群体

小学三年级学生。

四、课程亮点

本课程图文并茂，讲解清晰，简单易懂，通过与生活相关的折叠现象和物体运动有效帮助学生理解轴对称图形、对称轴、平移和旋转的概念。

五、制作信息

1.制作软件：乐秀
2.共享平台：腾讯视频

六、作者简介

罗甜甜，大学本科学历，数学与应用数学（师范）专业毕业，理学学士，龙岗区杨新梅名师工作室学员。于深圳市龙岗区扬美实验学校从事数学教学工作。

第三单元

乘 法

深圳市南山区第二外国语学校（集团）海岸小学　杨　艳

一、微课标题

第一课：找规律

第二课：队列表演（一）

第三课：队列表演（二）

第四课：电影院

第五课：整理与复习

二、教材信息

北师大版小学数学三年级下册第三单元。

三、适用群体

小学三年级学生。

四、课程亮点

本课程图文并茂，讲解清晰，简单易懂，能有效帮助学生掌握两位数乘整十数、两位数乘两位数的口算方法，以及两位数乘两位数的竖式计算方法。

五、制作信息

1.制作软件：PPT
2.共享平台：腾讯视频

六、作者简介

杨艳，大学本科学历，中小学数学一级教师，龙岗区杨新梅名师工作室成员。于深圳市南山区第二外国语学校（集团）海岸小学从事数学教学工作。深圳市龙岗区优秀教师，龙岗区坂田街道优秀教师。

从教以来，一直本着"爱的教育"的初衷，用心对待每一个学生。同时

潜心钻研教学，不断提高自身的专业素养和教学能力，逐步形成"亲切""有爱"的教学风格，深受学生的喜欢、家长的信任和同行的赞誉。

曾荣获湖南省衡阳市新课程优质课比赛一等奖；深圳市宝安区小学数学说课比赛二等奖；深圳市龙岗区手机微课程大赛一等奖。在与新疆克拉玛依市结对帮扶教学交流活动中其作品荣获"优质展示课"。

第四单元

千克、克、吨

深圳市龙岗区扬美实验学校　罗甜甜

一、微课标题

第一课：有多重

第二课：一吨有多重

二、教材信息

北师大版小学数学三年级下册第四单元。

三、适用群体

小学三年级学生。

四、课程亮点

本课程图文并茂，讲解清晰，简单易懂，通过与生活相关的称体重活动有效帮助学生理解克、千克、吨的概念，以及它们之间的关系。

五、制作信息

1. 制作软件：乐秀
2. 共享平台：腾讯视频

六、作者简介

罗甜甜，大学本科学历，数学与应用数学（师范）专业毕业，理学学士，龙岗区杨新梅名师工作室学员。于深圳市龙岗区扬美实验学校从事数学教学工作。

第五单元

面　积

深圳市龙岗区布吉中海怡翠学校　钟秀群

一、微课标题

第一课：什么是面积

第二课：比较面积的大小

第三课：数格子法求面积

第四课：面积单位

第五课：长方形的面积

二、教材信息

北师大版小学数学三年级下册第五单元。

三、适用群体

小学三年级学生。

四、课程亮点

本课程图文并茂，思路清晰，掌握学理，使学生容易理解面积概念及公式。

五、制作信息

1. 制作软件：小影
2. 共享平台：腾讯视频

六、作者简介

钟秀群，大学本科学历，华南师范大学数学与应用数学专业毕业，理学学士，小学数学一级教师，龙岗区杨新梅名师工作室学员。于深圳市龙岗区布吉中海怡翠学校从事数学教学工作。2017年6月"面积"系列微课程在龙岗区第二届手机微课程大赛中获得一等奖。2018年6月"破解竖式谜""加与减"系列微课程在龙岗区第三届手机微课程大赛中分别获得一等奖和二等奖。

数学好玩

深圳市龙岗区布吉中海怡翠学校　钟秀群

一、微课标题

第一课：小小设计师

第二课：我们一起去游园

第三课：有趣的推理

二、教材信息 ·

北师大版小学数学三年级下册第五单元。

三、适用群体

小学三年级学生。

四、课程亮点

本课程图文并茂，思路清晰，联系数学与生活，关注知识、方法的生成，使学生在有趣的同时理解数学思想与方法。

五、制作信息

1. 制作软件：小影
2. 共享平台：腾讯视频

六、作者简介

钟秀群，大学本科学历，华南师范大学数学与应用数学专业毕业，理学学士，小学数学一级教师，龙岗区杨新梅名师工作室学员。于深圳市龙岗区布吉中海怡翠学校从事数学教学工作。2017年6月"面积"系列微课程在龙岗区第二届手机微课程大赛中获得一等奖。2018年6月"破解竖式谜""加与减"系列微课程在龙岗区第三届手机微课程大赛中分别获得一等奖和二等奖。

第六、七单元

认识分数、数据的整理和表示

深圳市龙岗区宝岗小学　韦爱萍

一、微课标题

第一课：分一分（一）

第二课：分一分（二）

第三课：比大小

第四课：吃西瓜

第五课：小小鞋店

第六课：快乐成长

二、教材信息

北师大版小学数学三年级下册第六、七单元。

三、适用群体

小学三年级学生。

四、课程亮点

本课程借用学具动手操作，边演边讲，数形结合，直观生动，易于理解。

五、制作信息

1.制作软件：手机录像、爱剪辑
2.共享平台：腾讯视频

六、作者简介

　　韦爱萍，大学本科学历，中小学数学二级教师，龙岗区杨新梅名师工作室学员。于深圳市龙岗区宝岗小学从事数学教学工作。教育信息技术应用能力强，能熟练使用PPT、小影等软件制作微视频。在龙岗区第二届手机微课程比赛中，微课集"认识三角形"荣获一等奖。有教学热情和情怀，并致力于形成师生积极参与、主动探索、合作交流的课堂模式。

（下册）

4

第一单元

小数的意义和加减法

深圳大学师范学院附属坂田学校　王小倩

一、微课标题

第一课：小数的意义（一）

第二课：小数的意义（二）

第三课：小数的意义（三）

第四课：小数大小的比较

第五课：小数加减法（一）

第六课：小数加减法（二）

二、教材信息

北师大版小学数学四年级下册第一单元。

三、适用群体

小学四年级学生。

四、课程亮点

本课程数形结合，动手操作，具体形象，易于学习。

五、制作信息

1. 制作软件：小影
2. 共享平台：腾讯视频

六、作者简介

王小倩，大学本科学历，中小学数学一级教师。于深圳大学师范学院附属坂田学校从事数学教学工作。荣获深圳市第一届微课大赛一等奖；所执教的教学录像课"看图找关系"荣获深圳市优秀奖；在龙华新区第一届"卓越课堂"教学大赛中荣获一等奖；所撰写的论文荣获龙岗区二等奖；在龙岗区小学数学

试卷命题比赛中曾分别荣获一等奖和三等奖；在龙岗区第三届微课大赛中荣获一等奖；在坂田街道小学数学说课比赛中荣获一等奖；微格教学比赛中荣获二等奖；被评为坂田街道优秀班主任。

四年级
（下册）

第二单元

认识三角形和四边形

深圳市龙岗区科技城外国语学校　韦小华

一、微课标题

第一课：图形分类

第二课：三角形分类

第三课：探索与发现——三角形内角和

第四课：探索与发现——三角形边的关系

第五课：四边形分类

二、教材信息

北师大版小学数学四年级下册第二单元。

三、适用群体

小学四年级学生。

四、课程亮点

本课程图文并茂，讲解清晰，简单易懂，操作便捷，能有效帮助学生了解运算律的知识，学会利用运算律进行简便运算。

五、制作信息

1.制作软件：小影、PPT

2.共享平台：腾讯视频

六、作者简介

韦小华，大学本科学历，数学与应用数学专业毕业，理学学士，龙岗区杨新梅名师工作室学员。于深圳市龙岗区科技城外国语学校从事数学教学工作。2017年获得深圳市龙岗区坂田街道小学数学教师教学基本功竞赛一等奖。

第三单元

小数乘法

深圳大学师范学院附属坂田学校　杨　华

一、微课标题

第一课：买文具

第二课：小数点搬家

第三课：街心广场

第四课：包装

第五课：蚕丝

第六课：手拉手

二、教材信息

北师大版小学数学四年级下册第三单元。

三、适用群体

小学四年级学生。

四、课程亮点

本课程图文并茂，讲解清晰，简单易懂，操作便捷，能有效帮助学生掌握小数乘法的竖式计算、估算方法及混合运算。

五、制作信息

1. 制作软件：PPT、Camtasia Studio 8
2. 共享平台：腾讯视频

六、作者简介

杨华，研究生学历，数学教育专业毕业，硕士学位，龙岗区杨新梅名师工作室学员。于深圳大学师范学院附属坂田学校从事数学教学工作。获得龙岗区第三届微课比赛三等奖。

第四单元

观察物体

深圳市龙岗区吉祥小学　罗俊培

一、微课标题

第一课：观察物体

二、教材信息

北师大版小学数学四年级下册第四单元。

三、适用群体

小学四年级学生。

四、课程亮点

本课程数形结合，生动形象，讲解清晰。用PPT帮助学生初步认识空间观念，感受观察的范围随着观察点的变化而变化，了解物体之间的相互联系。

五、制作信息

1. 制作软件：PPT
2. 共享平台：腾讯视频

六、作者简介

罗俊培，大学本科学历，数学与应用数学专业毕业，理学学士，小学数学二级教师，龙岗区杨新梅名师工作室学员，深圳市龙岗区第五批教坛新秀。于深圳市龙岗区吉祥小学从事数学教学工作。教育信息技术应用能力强，能熟练使用PPT、乐秀、小影等软件制作各种类型微视频。有浓厚的教育科研兴趣和良好的研究能力，主创的微课程作品"班级日常管理"获得龙岗区一等奖。

第五单元

认识方程

深圳大学师范学院附属坂田学校　吴晓清

一、微课标题

第一课：字母表示数

第二课：等量关系

第三课：方程

第四课：解方程（一）

第五课：猜数游戏

二、教材信息

北师大版小学数学四年级下册第五单元。

三、适用群体

小学四年级学生。

四、课程亮点

本课程讲解清晰，简单易懂。

五、制作信息

1. 制作软件：乐秀
2. 共享平台：腾讯视频

六、作者简介

吴晓清，大学本科学历，深圳大学数学与应用数学（师范）专业毕业，理学学士，龙岗区杨新梅名师工作室学员。于深圳大学师范学院附属坂田学校从事数学教学工作。

数学好玩

深圳市龙岗区吉祥小学　罗俊培

一、微课标题

第一课：密铺

第二课：奥运中的数学

第三课：优化

第四课：烙饼

二、教材信息

北师大版小学数学四年级下册第五单元。

三、适用群体

小学四年级学生。

四、课程亮点

　　本课程数形结合，生动形象，讲解清晰。通过对密铺、奥运中的数学和优化三个内容进行展示讲解，激发学生学习数学的兴趣，感受数学在生活中

的应用。

五、制作信息

1.制作软件：PPT
2.共享平台：腾讯视频

六、作者简介

罗俊培，大学本科学历，数学与应用数学专业毕业，理学学士，小学数学二级教师，龙岗区杨新梅名师工作室学员，深圳市龙岗区第五批教坛新秀。于深圳市龙岗区吉祥小学从事数学教学工作。教育信息技术应用能力强，能熟练使用PPT、乐秀、小影等软件制作各种类型微视频。具有浓厚的教育科研兴趣和良好的研究能力，主创的微课程作品"班级日常管理"微视频获得龙岗区一等奖。

第六单元

数据的表示与分析

深圳市龙岗区万科城实验学校　肖　菲

一、微课标题

第一课：生日

第二课：栽蒜苗（一）（上）

第三课：栽蒜苗（一）（下）

第四课：栽蒜苗（二）

第五课：平均数（上）

第六课：平均数（下）

第七课：单元练习巩固

二、教材信息

北师大版小学数学四年级下册第六单元。

三、适用群体

小学四年级学生。

四、课程亮点

本课程图文并茂，讲解清晰，简单易懂，操作便捷，能有效帮助学生了解条形统计图、折线统计图、平均数的相关知识，掌握数据表示与分析的技巧。

五、制作信息

1. 制作软件：Camtasia Studio、乐秀、小影
2. 共享平台：腾讯视频

六、作者简介

肖菲，大学本科学历，深圳大学数学与应用数学专业毕业，理学学士，龙岗区杨新梅名师工作室学员。于深圳市龙岗区万科城实验学校从事小学数学教学工作。

从教以来，本着"甘为人师，慎为人师"的教育观念，关爱每一名学生，帮助学生养成良好的行为习惯、学习习惯；本着寓教于乐的教育观念，带领学生领略数学的魅力，深受学生及家长的喜欢。潜心教学，多思考，多改善，不断提高自己的教学能力。

（下册）

5

第一单元

分数加减法

深圳市龙岗区五和小学　陈晓拉

一、微课标题

第一课：折纸（一）

第二课：折纸（二）

第三课：星期日的安排

第四课："分数王国"与"小数王国"

第五课：练习（一）

二、教材信息

北师大版小学数学五年级下册第一单元。

三、适用群体

小学五年级学生。

四、课程亮点

本课程全方位地演示与讲解了异分母分数加减法、分数基本应用题、分数与小数的互化与比较、回顾与复习等内容，图文并茂，讲解清晰，由浅入深，能有效地帮助学生理解与掌握分数加减法的相关内容。

五、制作信息

1. 制作软件：乐秀
2. 共享平台：腾讯视频

六、作者简介

陈晓拉，研究生学历，硕士学位，中小学数学一级教师，广东省邓春苗教师工作室成员，广东省杨新梅教师工作室成员，深圳市龙岗区杨新梅名师工作室成员。于深圳市龙岗区五和小学从事数学教学工作。龙岗区第三批教坛新

秀，龙岗区优秀班主任。广东省级课题"构建'创客型'小学数学活动教学的研究"、龙岗区级课题"小学高段学生常见数学概念错误调查分析及教学改进实验报告"和"构建'和乐益智'小学数学实践活动教学的研究"主持人；论文《寻找适合自己的教育方法》发表在深圳市《特区教育》上；微课程与码课码书作品"三角形的认识""多边形的面积"均获深圳市龙岗区微课程大赛一等奖；现担任一线数学教学与年级长一职。

教育格言：教是为了不需要教。倡导活动教学，以活动激活课堂，用活动创高效课堂。

第二单元

长方体（一）

深圳市龙岗区五和小学　陈晓拉

一、微课标题

第一课：长方体的认识（一）

第二课：长方体的认识（二）

第三课：长方体的认识（三）

第四课：展开与折叠

第五课：长方体的表面积

第六课：露在外面的面

二、教材信息

北师大版小学数学五年级下册第二单元。

三、适用群体

小学五年级学生。

四、课程亮点

本课程全方位地演示与讲解了长方体各部分的名称与特点、长方体的展开与折叠、长方体的表面积、长方体的叠放与组合等内容，图文并茂，讲解清晰，简单易懂，能高效地帮助学生理解与掌握长方体的相关内容。

五、制作信息

1. 制作软件：乐秀
2. 共享平台：腾讯视频

六、作者简介

　　陈晓拉，研究生学历，硕士学位，中小学数学一级教师，广东省邓春苗教师工作室成员，广东省杨新梅教师工作室成员，深圳市龙岗区杨新梅名师工作室成员。于深圳市龙岗区五和小学从事数学教学工作。龙岗区第三批教坛新

秀，龙岗区优秀班主任。广东省级课题"构建'创客型'小学数学活动教学的研究"、龙岗区级课题"小学高段学生常见数学概念错误调查分析及教学改进实验报告"和"构建'和乐益智'小学数学实践活动教学的研究"主持人；论文《寻找适合自己的教育方法》发表在深圳市《特区教育》上；微课程与码课码书作品"三角形的认识""多边形的面积"均获深圳市龙岗区微课程大赛一等奖；现担任一线数学教学与年级长一职。

教育理念：教是为了不需要教。倡导活动教学，以活动激活课堂，用活动创高效课堂。

第三、四单元

分数乘法与长方体（二）

深圳市龙岗区五和小学　赵建华

一、微课标题

第一课：分数乘法

第二课：倒数

第三课：体积与容积

第四课：体积单位

第五课：长方体的体积

第六课：体积单位的换算

第七课：有趣的测量

二、教材信息

北师大版小学数学五年级下册第三、四单元。

三、适用群体

小学五年级学生。

四、课程亮点

本课程知识系统连贯，讲解清晰，易学好懂。

五、制作信息

1.制作软件：PPT
2.共享平台：腾讯视频

六、作者简介

赵建华，大学本科学历，华中师范大学数学与应用数学专业毕业，理学学士，北京师范大学在职教育学硕士，中小学一级教师，龙岗区杨新梅名师工作

室成员。先后于深圳市罗湖区东昌小学和深圳市龙岗区五和小学从事一线数学教学工作，有4年数学科组长的经验。曾获罗湖区教育先进个人，龙岗区优秀教师称号。所讲课例"用分数表示可能性大小"获深圳市优秀课例奖；制作的微课"长方体"系列获得龙岗区微课大赛一等奖；"摸球游戏"获得坂田街道模拟讲课一等奖。参与并完成了国家级课题"基于信息技术构建人文数学课堂的研究"、龙岗区级课题"构建'和乐益智'小学数学实践活动教学的研究"及"动手实践在小学数学课堂教学中应用的研究"。

长方体（二）

深圳市龙岗区水径小学　黄卫华

一、微课标题

第一课：体积单位的换算

第二课：有趣的测量

二、教材信息

北师大版小学数学五年级下册第四单元。

三、适用群体

小学五年级学生。

四、课程亮点

本课程图文并茂，讲解清晰，简单易懂。

五、制作信息

1.制作软件：乐秀

2.共享平台：优酷视频

六、作者简介

　　黄卫华，大学本科学历，中小学数学一级教师，深圳市福田区康黎名师工作室成员，龙岗区舒翠萍微课程工作室成员，龙岗区杨新梅名师工作室成员。于深圳市龙岗区水径小学从事数学教学及数学科组长工作。

　　近3年先后参与6个区级课题的研究，曾承担1个区级课题的主持人；2016年6月被布吉街道评为优秀教师；　2016年10月参加街道小学数学论文比赛获街道特等奖；获得龙岗区小学数学论文比赛二等奖；2017参加龙岗区的微课比赛分别获得区三等奖和优秀奖；2017年6月被评为龙岗区"骨干教师"；2018年5月参加龙岗区的微课比赛分别获得区一等奖；有2篇小学数学教学论文在《新教育》《教育科研论坛》省级教育刊物上发表；2018年6月指导学生参加深圳市数算比赛获"优秀指导老师"称号。

　　教育理念：一直坚持"把学数学变成有趣的事，让学生爱学、乐学、会学"。

第五单元

分数除法

深圳市龙岗区水径小学　黄卫华

一、微课标题

第一课：分数除法（一）

第二课：分数除法（二）

第三课：分数除法（三）

二、教材信息

北师大版小学数学五年级下册第五单元。

三、适用群体

小学五年级学生。

四、课程亮点

本课程图文并茂，讲解清晰，简单易懂。

五、制作信息

1. 制作软件：乐秀
2. 共享平台：优酷视频

六、作者简介

　　黄卫华，大学本科学历，中小学数学一级教师，深圳市福田区康黎名师工作室成员，龙岗区舒翠萍微课程工作室成员，龙岗区杨新梅名师工作室成员。于深圳市龙岗区水径小学从事数学教学及数学科组长工作。

　　近3年先后参与6个区级课题的研究，曾承担1个区级课题的主持人；2016年6月被布吉街道评为优秀教师；2016年10月参加街道小学数学论文比赛获街道特等奖；获得龙岗区小学数学论文比赛二等奖；2017参加龙岗区的微课比赛分别获得区三等奖和优秀奖；2017年6月被评为龙岗区"骨干教师"；2018年5月参加龙岗区的微课比赛分别获得区一等奖；有2篇小学数学教学论文在《新教育》《教育科研论坛》省级教育刊物上发表；2018年6月指导学生参加深圳市数算比赛获"优秀指导老师"称号。

　　教育理念：一直坚持"把学数学变成有趣的事，让学生爱学、乐学、会学"。

第六单元

确定位置

深圳市龙岗区水径小学　黄卫华

一、微课标题

第一课：确定位置（一）
第二课：确定位置（二）

二、教材信息

北师大版小学数学五年级下册第六单元。

三、适用群体

小学五年级学生。

四、课程亮点

本课程图文并茂，讲解清晰，简单易懂。

五、制作信息

1. 制作软件：乐秀
2. 共享平台：优酷

六、作者简介

　　黄卫华，大学本科学历，中小学数学一级教师，深圳市福田区康黎名师工作室成员，龙岗区舒翠萍微课程工作室成员，龙岗区杨新梅名师工作室成员。于深圳市龙岗区水径小学从事数学教学及数学科组长工作。

　　近3年先后参与6个区级课题的研究，曾承担1个区级课题的主持人；2016年6月被布吉街道评为优秀教师；2016年10月参加街道小学数学论文比赛获街道特等奖；获得龙岗区小学数学论文比赛二等奖；2017参加龙岗区的微课比赛分别获得区三等奖和优秀奖；2017年6月被评为龙岗区"骨干教师"；2018年5月参加龙岗区的微课比赛分别获得区一等奖；有2篇小学数学教学论文在《新教

育》《教育科研论坛》省级教育刊物上发表；2018年6月指导学生参加深圳市数算比赛获"优秀指导老师"称号。

　　教育理念：一直坚持"把学数学变成有趣的事，让学生爱学、乐学、会学"。

第七、八单元

用方程解决问题、数学好玩与数据的表示和分析

深圳市龙岗区五园小学　林寿进

一、微课标题

第一课：邮票问题

第二课：相遇问题

第三课：包装的学问

第四课：复式条形统计图

第五课：复式折线统计图

第六课：平均数的再认识

二、教材信息

北师大版小学数学五年级下册第七、八单元。

三、适用群体

小学五年级学生。

四、课程亮点

本课程数形结合，讲解清晰，简单易懂，操作便捷。

五、制作信息

1. 制作软件：小影
2. 共享平台：腾讯视频

六、作者简介

林寿进，大学本科学历，中小学数学一级教师，龙岗区杨新梅名师工作室成员。于深圳市龙岗区五园小学从事数学教学工作。龙岗区优秀教师，龙岗区优秀党务工作者。教学论文《小学数学练习设计的有效性原则》荣获深圳市二等奖；教学论文《小学生掌握空间与图形的有效方法》荣获龙岗区二等奖；小学三年级命题比赛获龙岗区三等奖。

六年级
（下册）

6

第一单元

圆柱与圆锥

深圳市龙岗区科技城外国语学校　房　欣

一、微课标题

第一课：圆柱的表面积

第二课：圆柱的体积

第三课：圆锥的体积

第四课：削一个最大圆锥的问题

第五课：水面上升的问题

第六课：等积变形问题

二、教材信息

北师大版小学数学六年级下册第一单元。

三、适用群体

小学六年级学生。

四、课程亮点

本课程全方位演示与讲解了圆柱与圆锥表面积、体积公式的转化，对易错题、易考点进行讲解的同时拓展相关知识点，图文并茂，讲解清晰，简单易懂，能高效地帮助学生理解与掌握百分数应用题。

五、制作信息

1. 制作软件：会声会影
2. 共享平台：腾讯视频
3. 背景音乐：酷狗音乐
4. 图片来源：网络共享

六、作者简介

房欣，大学本科学历，中小学数学一级教师，龙岗区杨新梅名师工作室

成员，于深圳市龙岗区科技城外国语学校从事数学教学工作。擅长奥数、微视频制作美化，熟练使用手机软件：小影、喀秋莎、会声会影X9、Adobe After Effects CC等制作微课，熟练使用美图、Photoshop等图片工具处理美化照片。微课曾获龙岗区"校本培训之春"微课大赛特等奖，多次获得龙岗区手机微课程大赛一等奖，深圳市三等奖，全国微课三等奖；2016年5月"分数的大小"获得第九届全国中小学创新（互动）课堂教学实践观摩活动三等奖；2017年5月所写论文获得坂田街道一等奖、区三等奖，2017年11月申报的国家级教师课题"巧用微课促进数学教与学方式变革的实践研究"成功立项。

　　教育理念：追求"以学生的发展为本"，形成"让学和畅"的教学风格。

第二单元

比　例

深圳市龙岗区五和小学　陈　杰

一、微课标题

第一课：比例的认识（一）

第二课：比例的认识（二）

第三课：比例的应用

第四课：认识比例尺

第五课：比例尺的应用

第六课：图形的放大与缩小

二、教材信息

北师大版小学数学六年级下册第二单元。

三、适用群体

小学六年级学生。

四、课程亮点

本课程以讲授为主，语言流畅，知识点分类清楚，便于学生很好地理解知识点，其中图文并茂，利用动画展示知识推导的过程。同时有例题讲解，能及时巩固。

五、制作信息

1.制作软件：乐秀、Adobe Premiere
2.共享平台：腾讯视频

六、作者简介

陈杰，大学本科学历，教育学学士，龙岗区杨新梅名师工作室学员。于深圳市龙岗区五和小学从事数学教学工作。

第三单元

图形的运动

深圳市龙岗区龙园意境小学　许惠娥

一、微课标题

第一课：图形的旋转（一）

第二课：图形的旋转（二）

第三课：图形的运动

第四课：欣赏与设计

二、教材信息

北师大版小学数学六年级下册第三单元。

三、适用群体

小学六年级学生。

四、课程亮点

本课程图文并茂，讲解清晰，简单易懂，能有效帮助六年级学生掌握北师大版六年级下册第三单元图形的运动四个知识点。

五、制作信息

1.制作软件：小影

2.共享平台：腾讯视频

六、作者简介

许惠娥，大学本科学历，数学与应用数学专业毕业，理学学士，中小学数学一级教师，龙岗区杨新梅名师工作室成员，龙岗区第四批骨干教师，龙岗区教育质量监测中心兼职研修员。于深圳市龙岗区龙园意境小学从事数学教学工作。从事数学教学工作18年，有5年数学科组长和3年年级组长的经验，连续多年担任师徒结对的师傅角色，在2011—2012学年和2012—2013学年连续两年获盐田区优秀教师称号；2015年1月辅导学生参加第十届深圳市中小学智力七巧板比赛获奖；2015年5月获龙岗区布吉街道办小学数学命题比赛特等奖；2015年11月获龙岗区小学数学教师技能大赛二等奖；2016年1月获龙岗区布吉街道小学数学教师技能大赛特等奖；2016年10月获龙岗区布吉街道小学数学论文一等奖；2017年9月获龙岗区第二届手机微课程大赛一等奖。

第四单元

正比例与反比例

深圳市龙岗区五和小学　杨新梅

一、微课标题

第一课：变化的量

第二课：正比例（上）

第三课：正比例（下）

第四课：画一画

第五课：反比例（上）

第六课：反比例（下）

第七课：较复杂的判定练习（上）

第八课：较复杂的判定练习（下）

二、教材信息

北师大版小学数学六年级下册第四单元。

三、微课内容

本课程结合观察、分析、操作等讲解过程，引导学生体会互相关联的两个变化量，通过例子说明正比例与反比例的定义、特征及字母表示方法，使学生会描画并分析正比例图像，能对两个对比的变化量进行分析与判定。

四、适用群体

小学六年级学生。

五、课程亮点

讲解流畅，分析到位，简单易懂。

六、制作信息

1. 制作软件：会声会影
2. 共享平台：腾讯视频
3. 背景音乐：酷狗音乐
4. 图片来源：网络共享

七、作者简介

　　杨新梅，大学本科学历，数学小学高级教师（副高级）。于深圳市龙岗区五和小学从事数学教学工作。全国优秀教师、特级教师、广东第二师范学院兼职教师。现任广东省杨新梅教师工作室与深圳市龙岗区杨新梅名师工作室主持人。曾主持课题"运用有效教学理论加强小学数学知识应用的教学"，荣获广东省创新成果三等奖。

　　2014年11月主编出版"广东省杨新梅教师工作室"培训成果《开拓创新三年一剑　追求卓越一路朝前》。2017年12月编著出版全国教育信息技术研究"十二五"规划的2014年度立项课题研究成果《基于信息技术构建人文数学课堂的研究》。

　　教育理念：追求"教育共生"。

　　教学风格：清畅美乐的人文数学。

数学好玩

深圳市龙岗区龙园意境小学　许惠娥

一、微课标题

第一课：绘制校园平面图

第二课：神奇的莫比乌斯带

第三课：可爱的小猫

二、教材信息

北师大版小学数学六年级下册第四单元。

三、适用群体

小学六年级学生。

四、课程亮点

本课程图文并茂，讲解清晰，简单易懂，能有效帮助六年级学生掌握北师大版六年级下册数学的三个知识点。

五、制作信息

1. 制作软件：小影
2. 共享平台：腾讯视频

六、作者简介

许惠娥，大学本科学历，数学与应用数学专业毕业，理学学士，中小学数学一级教师，龙岗区杨新梅名师工作室成员，龙岗区第四批骨干教师，龙岗区教育质量监测中心兼职研修员。于深圳市龙岗区龙园意境小学从事数学教学工作。从事数学教学工作18年，有5年数学科组长和3年年级组长的经验，连续多年担任师徒结对的师傅角色。在2011—2012学年和2012—2013学年连续两年获盐田区优秀教师称号；2015年1月辅导学生参加第十届深圳市中小学智力七巧板比赛获奖；2015年5月获龙岗区布吉街道办小学数学命题比赛特等奖；2015年11月获龙岗区小学数学教师技能大赛二等奖；2016年1月获龙岗区布吉街道小学数学教师技能大赛特等奖；2016年10月获龙岗区布吉街道小学数学论文一等奖；2017年9月获龙岗区第二届手机微课程大赛一等奖。